LETTRE
DE MONSIEVR
SCARON,
ENVOYE'E AV CARDINAL
MAZARIN
à Sainct Germain en Laye.

En Vers Burlesques.

A PARIS,
Chez SIMON CHMPION, au mont Saint Hilaire.

M. DC. LII.

LETRE DE MONSIEVR SCARON
Enuoyée au Cardinal Mazarin, à ſainct Germain en Laye.

En Vers Burleſques.

MONSIEVR, Monſieur, ou Sieur Iules
Ie ferois des plus ridicules,
Si i'entreprenois au iourd'huy
De parler de vous comme autruy.
Quoy qu'on permette ou qu'on ordonne
Iules, ie ne ſuis pas perſonne
A ſuiure vn ſentiment commun,
Et railler de vous ny d'aucun.
Ie laiſſe agir la populace,
Qui le voudra faire le face :
Ie n'en dis mot, car auſſi bien
Ce procedé n'eſt pas Chreſtien.
Et puis cinq cent Lettres eſcrites,
Qui ne ſont rien que de redites,
Ne me laiſſeroient pas de quoy
Faire quelque choſe de moy.
Ie ne ferois, à le bien dire,
Que copier & que tranſcrire,
Et n'aurois pas de ce coſté,
La gloire d'auoir inuenté.
Donc ſi ie produis quelque choſe,
En ces Carmes que ie compoſe,

Ce n'eſt que pour me diuertir,
Ou, pour mieux parler, compartir
A tous les maux où noſtre France
Se trouue depuis voſtre abſence;
Car ſi nous vous tenions icy,
Nous aurions nos Iuſtes auſſi.
 Helas!depuis voſtre ſortie,
Toute la ioye eſt amortie!
On n'entend plus parler de Bal,
Et dans le temps du Cardinal,
Les Canons & les Mouſquetades
Ont pris la place des Aubades,
Et l'on chante, *Que les Amours*
Sont effroyez par les Tembours.
S'il nous auoit eſté facile
De vous tenir en cette ville,
Enuiron deuers ce bons temps,
Nous aurions eſté plus contens,
Le Bourgeois euſt quitté le Caſque,
On euſt veu la Canaille en maſque
Se réiouyr, & (comme on dit)
Crier, *Il a chié au lit.*
Mais, helas!quoy qu'il en puſt eſtre,
Vous n'auez point voulut pareſtre,
Ayant preferé Saint Germain
A Paris que croyez ſans pain.
Ce qui pourtant n'eſt qu'vne bayë,
Car le Seigneur de la Boulayë,
Ce grand Gaſſion de Conuoy,
Nous ameine touſiours dequoy
Nous garentir de la famine,
Soit bœufs ſoit moutons, ſoit farine
Cochons & d'autres beſtiaux,
Auoine, foin pour nos cheuaux,
 Enfin le gaillard ne ſort gueres,
Qu'auecque ſes Portes cocheres,
Il ne reuienne du danger

Pour

Pour nous donner de quoy manger.
Mais tout cela, quoy qu'on en die,
N'est pas pour faire longue vie.
Et ie crains fort que le Blocus
Ne mette à sec tous nos escus:
Car Blocus est vn Capitaine
Qui nous donne bien de la peine,
Et qui, sans se mouuoir d'vn lieu,
En peut bien faire iurer Dieu.

C'est vn mal que vostre Eminence
nous fait souffrir par son absence,
Vous deuriez estre, en ce besoin,
Vn peu plus pres, ou, bien plus loin.
Outre qu'en ce temps difficile,
Personne n'a ny Croix ny pile;
Les riches sont bien empeschez,
S'ils ont des biens, ils sont cachez:
Les Marchans ferment leur boutique,
Les Procureurs sont sans pratique,
Les patissiers, pour le Douzain,
Au lieu de gateaux font du pain.
Ses Vendeurs de vieille ferraille,
Les Crieurs d'huistres à l'écaille,
Les apprentifs & les plus gueux,
Ne sont pas les plus malheureux.
Car n'ayant aucun exercice,
D'abord, comm' en titre d'office,
Eux & Messieurs les Crocheteurs
Se sont tous faits Colle-porteurs;
Et, si tost que le iour commence,
Crient, sans mettre d'Eminence,
Voicy l'Arrest de Mazarin,
Voicy l'Arrest de Mascarin.
La Lettre du Caualier George,
(Si le nom n'est vray, l'on le forge,)
Puis, *Voicy le Courier François*
Arriué la septiesme fois:
Voicy la France mal regie,

B

Puis, voſtre genealogie,
La Lettre au Prince de Condé,
Qui vous a ſi bien ſecondé:
Apres, *Maximes autantiques*
Tant morales que Politiques:
Remonſtrances du Parlement,
Qui ſont faites fort doctement:
Item, *La Lettre Circulaire,*
A qui vous ſeruez de matiere:
Lettre de Conſolation
A Madame de Chaſtillon:
Bref, tout au long de la iournée
Chacun, comme vne ame damnée,
S'en va criant par-cy par-là
Et vers, & proſe, & cætera,
Il n'importe pas ſous quel titre
Car c'eſt vous ſeul que l'on chapitre,
Et, ſous d'autres noms, quelquefois
On vous donne deſſus les doits.
De dire par quelle eſperance,
D'honneur, de gain ou de vengeance,
Les bons & les mauuais Autheurs
Donnent matiere aux imprimeurs.
C'eſt ce que ie ne puis bien dire:
Ie ſçay bien qu'on en voit eſcrire
Quelques-vns par reſſentiment,
Et d'autres par émolument:
Et, comme chacun veut repaiſtre,
Le valet qui n'a plus de maiſtre,
Ne voit point de plus prompt meſtier,
Que de debiter le cahier,
Ou bien, dans la faim qui les preſſe
Combatre pour Sainct Goneſſe:
Il n'eſt pas iuſques à ſodelet,
Qui n'ait en main le piſtolet,
Aiant adioint à ſa Cabale
Les gens de la Troupe Royale:
Si bié qu'eux tous, iuſqu'aux portiers,

Ont cuiraſſe, & ſont Caualiers,
Teſmoignant bien mieux leur courage
En perſonne, qu'en perſonnage.
　　Chacun va cherchant ſon ſalut,
Diuerſemant au meſme but,
Car voſtre Troupe Teatine,
Qui fait vœu d'eſtre peu mutin,
Ne croyant point de ſureté
En noſtre Ville & Viconté
A faict Flandre, & dans des cachetes
A ſerré les Marionettes,
Qu'elle faiſoit cy-deuant
Dans les derniers iours de l'Auant,
Voulant cette Troupe nouuelle,
Aller ſe reioindre à Briguelle,
Iuſqu'à tant que, dans ce quartier,
Soit en partie, ou tout entier,
Vous reueniez prandre ſeance
Au Palais de voſtre Eminence,
Pourueu que vous vouliez chercher
Des lis afin de vous coucher:
Car, pour ne vous y point attendre,
Ces iours paſſez on a fait vendre
Voſtre precieux demeurant,
Et vos meubles Au plus offrant,
Exceptés la Bibliotheque,
Qui demeure pour hypotheque
A tous les ſçauans de Paris,
Qui n'eſtoient vos fauoris:
Encor qu'en bonne conſcience
Ils meritent bien recompenſe,
Eſtant certain que la pluſpart
Ont mis mainte deniers au hazard,
Soit en Liure, ou Theſe, ou Peinture,
Afin d'eſtre en bonne poſture,
Et d'obtenir aſſeurément
Quelque notable appointement:
Auoir Benefices ou Charges:

Mais vous n'estes pas des plus larges,
Et ie croy bien que ces messieurs
Peuuent chercher fortune ailleurs,
S'ils ne l'ont desia toute faite:
Car ie voy que vostre retraite
Va vous oster tout le moyen
De iamais leur faire du bien,
Que par vostre retraite mesme,
Qui leur feroit vn bien extreme:
Car vous les pouuez obliger
Allant au pays Estranger.
  Ie sçay bien que cela vous peine,
Mais vostre repugnance est vaine:
En vain cherchez vous des détours,
Il faut partir auant trois iours.
Ne fondez point vostre esperance
Sur l'effet de la CONFERENCE,
Ou bien sur la facilitée
De quelqu' honeste Deputé
A moins que le peuple ne parle,
Que maistre Iean & maistre Charle,
Maistre Pierre & maistre Bastien,
N'ayent dit, *Ie le voulois bien*
Ce n'est pas encor chose faite,
Encor faudroit-il que Perrette,
Dame Lubine & Dame Alis
Vous pussent souffrir à Paris,
Et prissent vostre affaire à tasche,
Comme au quartier de S. Eustache
Elles firent pour leur CVRE',
Qui depuis leur est demeuré.
  Ha! que s'il m'eust esté facile,
Quand vous estiez en cette ville,
De vous aborder quelque fois,
Et vous parler de viue voix.
Et vous seriez encore à vostre aise,
Et n'auriez point fait des fadaizes,
Pourueu que mes petits auis
Eussent par vous esté suiuis.

Ma

Mais il nous estoit impossible,
Vous estiez tousiours inuisible,
Et l'on pnuoit mettre en escrit
Dessus vostre porte, *cygit*;
Cependant qu'en vostre Antichambre
Où fumoit le Iasmin & l'Ambre,
L'Intendant, & le Cordon bleu
Pestoient ensemble au pres du feu,
Sçachant bien que pour toute affaire,
Soit importante, ou necessaire,
Vous teniez en main le cornet,
Ou railliez dans le Cabinet,
Auec Bautru, Lopes & d'autres,
Qui sont bien d'aussi bons Apostres,
Et deux Singes sur vos genous,
Qui dansoient par fois auec vous.
Ce n'est pas viure à nostre mode,
Le François a d'autre methode,
Et vous n'auriez pas fait tant mal
D'imiter le feu Cardinal,
Dont le discours & le visage
Gagnoient le cœur du plus sauuage,
Donnant au monde tour à tour
Vne audience chaque iour.
Vous deuiez imiter cette homme,
Et ioindre l'addresse de Rome
A la science qu'il auoit
De Politique & d'homme adroit.
Comme vous auiez la puissance,
Et de deniers grãde abondance,
Vous pouuiez finir nos langueurs,
Et par la Paix gagner les cœurs.
Elle n'estoit que trop facile,
Grace au Genereux Longeuille,
Si vous n'auiez point trauerse
Ce qu'il auoit bien commencé.
Voila ce qu'il vous falloit faire,
Pour estre long-temps necessaire.

C

Sur tout il se faloit garder,
Sans vn peut trop se hazarder,
De toucher aux Cours Souueraines,
Qui pour la plusparr sont hautaines,
Et sanglent vn homme tout net
Par Arrest de six cens dix-sept,
Et de Ianuier, en cette année.
Où l'on nous l'a belle donnée,
Voila que c'est de s'ingerer
Aux affaires de l'Estranger.
Excusez, Iules, ie vous prie,
Si, d'vne plume si hardie,
Ie semble auiourd'huy vous parler:
Ie ne sçaurois dissimuler,
Ie dis icy ce que ie pense,
Non par esprit de medisance:
Mais bien, par le dépit que i'ay
Que vous n'auez point menagé
Cet honneur que vous auiez, d'estre
Aussi puissãt que nostre Maistre,
Faire de nouueaux Reglemẽts,
Disposer des gouuernements,
Conferer tous les Benefices,
Créer, supprimer des Offices,
Bref, de faire, selon vos vœux,
Les hommes grands ou malheureux.
Tant s'en faut que ie vous accuse,
I'ay tousiours fait parler ma Muse
Auec des termes de respect,
Si que ie crains d'estre suspect,
Et besoin & que ie m'explique
Selon l'air de la voix publique.
Pourquoy vous traitterois-ie mal,
Vous estes vn grand Cardinal,
Vn homme de haute entreprise,
Vingt foir Abbé, Prince d'Eglise,
Quoy que ne soyez *in sacris*,
N'ayant Ordres donnez ny pris,

Et n'ayant poinct de Caractere,
Non plus que l'art du Ministere.
Il est vray qu'en ce dernier poinct
Chere Iules vous ne sçauez point
La scienc ny la pratique
Du gouuernement Politique
Ie vous en parle franchement,
Et chacun dit communément
Que si, par le Conseil d'vn autre,
Loin de faire suiure le vostre,
Vous vous fussiez pû contenter
D'obeyr & d'executer,
Vous auriez tousiours fait merueille,
Tesmoin l'action non pareille,
Que vous fistes prés de Cazal:
On n'a iamais rien fait d'égal,
Il faut que tout chacun l'auouë,
Et qu'en passant ie vous en louë.
Sans contredit, ce coup fut beau,
Mais ce fut vn coup de chapeau;
Depuis, sans se faire de feste,
Il falloit faire vn coup de teste,
On fuir les degrez les plus hauts
Peur de faire voir vos défauts;
Pour le moins, si ce vous fut force
De prendre à cette douce amorce,
I'entends, l'honneur de dominer
Il s'y falloit estre fauorable,
Doux, humain, Visible, traictable,
N'auoir aucun passion,
Abolir la proscription,
Ne causer la mort a personne,
(Pour le moins à la Barillonne.)
Ce n'est pas tout que s'esleuer,
L'esprit est à se conseruer.
Vous connoissez bien quelles peine
Vous sont Pierr'Encise & Vincennes,
Vous en connoissez le hazard,

Mais, Iules, c'est vn peut trop tard.
Il faut, maintenant, faire gille,
Vous en retourner en Sicile:
Et, soit auiourd'huy, de S. Germain.
Il ne faut point que l'on differe,
Cét Arrest, ou doux ou seuere,
Est tout prest à s'executer,
Et, si ne voulez vous haster,
Ie crains biē fort, q; chez vos niepces
Ne portiez pas toutes vos pieces,
Et ne partiez de S. Germain
Vn peu leger de quelque grain.
　Ie sçay fort bien, ne vous déplaise
Qu'auiourd'huy vous seriez bieu aise,
Si l'on vous venoit asseurer,
Qu'icy vous peuuez demeurer
Dans le calme & parmy la gloire.
Mais, comme vous auez memoire,
Ie veux vser auec raison
De la mesme comparaison
Qu'au point des affaires troublée,
Vous fistes sur nos Assemblées.
Parlant à Monsieur Boucqueual
　Mais ce raisonnement me passe,
Ie vous demande encore grace :
Peut-estre vn peu trop librement
I'expose icy mon iugement;
Non par vn esprit de Censure,
Ie l'ay desia dit, & i'en iure :
Au contraire, c'est par pitié,
Ou par vn reste d'amitié
Que ie vous parle en cette sorte,
Et, sans que l'humeur me trāsporte,
Certes, nous auons, presque tous,
Sujet de nous loüer de vous.
Pour le moins, oserois-ie dire,
Quād tout le monde en deuroit rire
Que vous auez fait de grands biens

A Messieurs

A Messieurs les Parisiens.
L'Esté, vous faisiez, d'eau de Seine,
Arrouser le Cours de la Reyne,
Et, qui plus est, de vostre estoc,
Leur auez introduit *le Hoc*,
Estably la Plaisanterie,
Et fait bastir vne Escurie,
Digne de vous, grand Cardinal,
Pardon; la Rime de Cheual
M'a ietté dans cette pensée,
Qui par vn mal-heur s'est glissée,
Enfin, vous auez apporté
Quelque chose à cette Cité;
Si bien que chacun, ou ie meure,
S'entretient de vous à toute heure.
Mesme, depuis vostre départ,
Les bons Beuueurs, à tout hazard,
Vous loüët de leur malheur mesme
Car cela fait, que ce Caresme,
Le poisson se vendant trop cher,
Ils peuuent manger de la cher,
Et, nonobstant le priuilege,
Ils doiuent cette grace au Siege;
Non pas au S. Siege Romain,
Mais au Siege de S. Germain.
Vne chose seule me ronge.
Et me fait peine quand i'y songe,
Ceux qui restent de vostre Cour,
Sont cachez icy tout le iour,
Et, pas vn n'ose plus parestre,
De crainte d'estre pris pour traistre.
Mesme on dit que *Cantarini*,
Qui rimoit à *Mazarini*,
Ne trouuât point chez qui se metre
S'est fait abreger d'vne lettre;
Et voyant que son nom, en Rin,

Rimoit encor à Mazarin,
Dust-il auoir vn nom Arabe,
Il retranche vne autre syllabe,
Vn chacun d'eux, suit ce Trantran,
Horsmis l'homme à l'Oruietan,
A cause qu'il est populaire,
Et que sa drogue est necessaire.
Mais pour Monsieur Particelli,
Les Sieurs Miletti, Torelli,
Aussi bien que toute la Trouppe,
N'osent plus auoir, I, en crouppe;
Et, de peur d'estre criminel,
Torelli, se nomme Torel.
 Vous en voyez de qui la mine,
Pour paroistre vn peu fourbe & fine
Fait qu'ils passent pour estrangers;
Et, pour éuiter tous dangers,
Ils disent qu'ils sont de Prouence,
Encore qu'ils soient de Florence
Et, quelque fois, Siciliens,
Car, baste pour Italiens.
C'est pour cela, que ce bon homme
Qui monstroit la langue de Rome,
Oudin, n'ose plus faire bruit,
Et s'il l'enseigne, c'est de nuit.
Il cache son Dictionnaire,
Et met en terre sa Grammaire,
Et ceux qu'il enseignoit aussi,
N'osent pas dire, *signor si*.
Pourtant ce n'est rien que folie,
On n'en veut point à l'Italie,
Mais on confond l'Italien
 Auecque le Sicilien.
Pourtant ce n'est rien que folie,
On n'en veut point à l'Italie,
Mais on confond l'Italien

Auecque le Sicilien.
Pour moy ie ne fais pas de mesme,
Car malgré ce peril extresme,
Et deuant tout le genre humain
I'auoüe que ie suis Romain.
Ouy ie le suis, & ie me pieque
D'estre tres-parfait Catholique:
Ie sçay parler en *bon François*.
Plust au Ciel, pauure Seigneur Iule,
Que n'eussiez point esté credule
Aux Conseils de certains esprits,
Et qu'eussiez fait, comme i'escris:
C'est à dire auec franchise.
Quoy que l'on fasse mine grise
Partout à vos rouges habits,
Vous seriez encor à Paris,
Dans la gloire & dans la puissance,
Au lieu que vous estes en transe,
Et n'auez (peur *Du courre sus*,)
Que des sommes interrompus ;
Cét *Arrest* qui vous met en butte
Au moindre homme qui l'aura beau
Et l'on dira comme vn Rondeau,
Il est passé le personnage
Sans qu'on adjouste, *c'est dommage*.
Si ce n'est qu'vn cœur attendry,
Vous voyant peut-estre meurdry,
Découuert, & sans sepulture,
Puisse plaindre vostre aduenture,
Disant ; quand vous serez passé,
Vn *Requiescant in pace*.
Pour moy i'en ferois dauantage,
Si vous auiez *plié bagage*,
Non pas vous souhaittant la paix,
Car vous ne l'aimastes iamais,
Mais, puisque vous aymez la guerre

Si-tost que vous serez par terre,
Ie veux supplier le Seigneur
De quitter en vostre faueur
ses qualitez accoustumées,
Pour celle de *Dieu des Armées*.
Sous ce titre ie vous predis
De l'employ dans le Paradis.
Là vous pourrez estre Ministre,
Si, par quelque accident sinistre,
Où vous ne vous attendez pas,
Vous n'allez trauailler plus bas.
Ie ne vous en puis rien promettre.
Adieu, c'est trop pour vne Lettre
Ie suis vn modeste *Frondeur*
Qui me dis

      Vostre Seruiteur
      Nicolas le Dru.
 Scaron

FIN.

www.ingramcontent.com/pod-product-compliance
Lightning Source LLC
Chambersburg PA
CBHW061611040426
42450CB00010B/2426